El cielo de noche

por Robin Nelson

Mi primer paso al mundo real

ediciones Lerner · Minneapolis

¿Ves la Luna en el cielo nocturno?

La Luna parece un poco
distinta cada noche.

Los cambios de la Luna
son parte de un **ciclo**.

Un ciclo es algo que
ocurre una y otra vez.

La Luna **orbita** la **Tierra**.

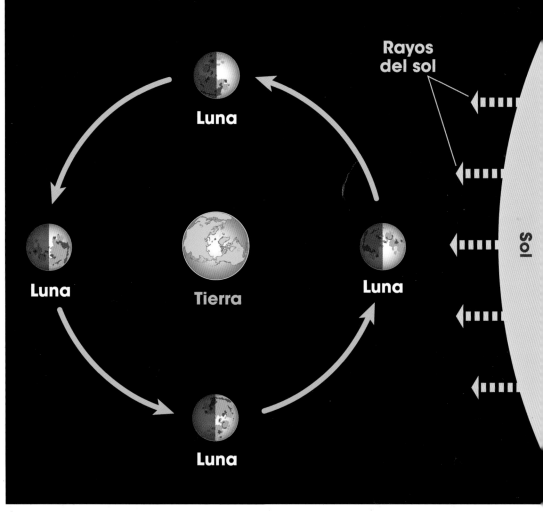

La Luna tarda aproximadamente un mes en orbitar la Tierra.

Los rayos del sol iluminan
la Luna.

Vemos parte del lado
iluminado de la Luna
durante la noche. 9

La Luna parece tener distintas
formas mientras orbita la Tierra.

En un momento del mes,
casi no podemos verla.

Luego, la Luna parece
una curva delgada, o
un **cuarto creciente**.

Más tarde en el mes, parece la mitad de un círculo.

La Luna llena se ve como
un círculo completo.

Luego, la parte de la Luna
que podemos ver comienza
a cambiar nuevamente. 15

Vemos una media Luna.

El cuarto creciente curvo
comienza el ciclo nuevamente.

17

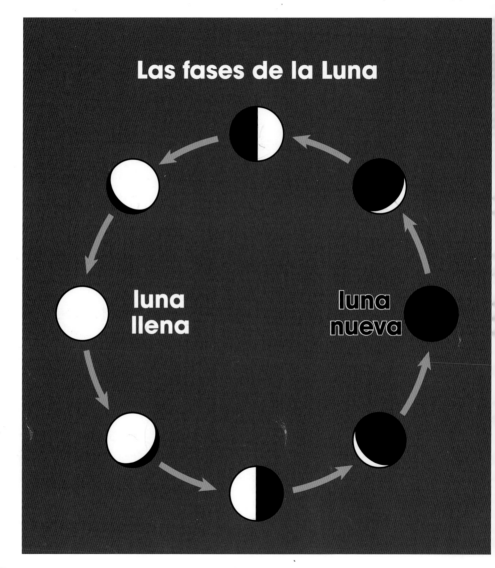

Aprende más sobre las fases de la Luna

A medida que la Luna orbita la Tierra, vemos sus distintas fases o etapas. Vemos una fase diferente cada noche durante 27 días. La primera fase se llama luna nueva. Solo vemos un pedacito de la Luna. Vemos más y más Luna hasta que se convierte en luna llena. Es un círculo completo y redondo. Luego vemos menos y menos Luna. Se convierte en luna nueva otra vez.

Datos sobre el cielo nocturno

 Cuando hay dos lunas llenas en un mes, la segunda se llama luna azul.

 La Luna está a aproximadamente 250,000 millas (402,336 kilómetros) de la Tierra.

 Podemos ver las estrellas y la Luna en el cielo nocturno. También podemos ver cinco planetas. Son Mercurio, Marte, Júpiter, Saturno y Venus.

Si vives en una ciudad grande, las luces de la ciudad iluminan el cielo. Esto puede hacer que sea difícil ver las estrellas.

 Las estrellas más calientes tienen un color blanco azulado.

 Los dibujos que forman las estrellas en el cielo se llaman constelaciones. Una constelación se llama Osa Mayor. Parece una cuchara gigante. ¿Puedes encontrar la Osa Mayor?

Glosario

 cuarto creciente: una curva delgada

 ciclo: algo que ocurre una y otra vez

 orbita: se mueve o viaja en un camino alrededor del sol o un planeta

 Tierra: el planeta en que vivimos

Índice

La edición en español fue realizada por un equipo de traductores nativos de español de transperfect.com, empresa mundial dedicada a la traducción.

Las imágenes presentes en este libro se reproducen con autorización de: © Filip Rasuo/Dreamstime.com, pág. 2; © Richard Berry/Axiom Photographic Agency/Getty Images, pág. 3; © John W. Bova/Photo Researchers, Inc., pág. 4; © Larry Landolfi/Photo Researchers, Inc., págs. 5, 22 (2° desde la parte superior); © Gunnar Kullenberg/ SuperStock, págs. 6, 22 (3° y 4° desde la parte superior); © Laura Westlund/Independent Picture Service, págs. 7, 18; © Andreas Karelias/Dreamstime.com, pág. 8; © Don Smith/The Image Bank/Getty Images, pág. 9; © Lew Robertson/Photographer's Choice RF/Getty Images, pág. 10; © Emmanuel Rondeau/Alamy, pág. 11; © HIRONORI OKAMOTO/A. Collection/Getty Images, págs. 12, 22 (1° desde la parte superior); © Pan30osa/ Dreamstime.com, pág. 13; © Arenacreative/Dreamstime.com, pág. 14; © Eastcott Momatiuk/The Image Bank/ Getty Images, pág. 15; © Pavel Konovalov/Dreamstime.com, pág. 16; © imagestopshop/Alamy, pág. 17.

Portada: © Pete Turner/Stone/Getty Images.

ediciones Lerner
Una división de Lerner Publishing Group
241 First Avenue North
Minneapolis, MN 55401 EUA

Dirección de Internet: www.lernerbooks.com

Library of Congress Cataloging-in-Publication Data

Nelson, Robin, 1971–
     [Night sky. Spanish]
     El cielo de noche / por Robin Nelson.
         p.   cm. — (Mi primer paso al mundo real - descubriendo los ciclos de la naturaleza)
     Includes index.
     ISBN 978-0-7613-9341-2 (lib. bdg. : alk. paper)
     1. Moon—Phases—Juvenile literature. 2. Moon—Orbit—Juvenile literature. I. Title.
QB588.N4518 2013
523.3—dc23   2011051016

Fabricado en los Estados Unidos de América
1 – DP – 7/15/12